Blickfang

Gedichte mit Auge und Witz

Blickfang

Gedichte mit Auge und Witz

Delia Scheld

Impressum

Jahr: 2022

ISBN: 9789403673394

Lektorat/Korrektorat: Ingrid Brockmann, Eva Merkes
Covergestaltung: M. Scheld

Verlagsportal: Bookmundo Direct

Die Deutsche Nationalbibliothek verzeichnet diese Publikation in der Deutschen Nationalbibliografie.

Vorwort

Tod und Leben. Menschen und Politik. Lustiges und Ernstes. All das sind Begleiter in meinem Leben. Die Gedichte, die ich schreibe, spiegeln die Vielfalt des Lebens wider. Ich habe aufgenommen, was ich erlebt habe, was mich berührt, was ich wahrnehme und mich in andere hineinversetzt. Die Gedichte sind also nicht eins zu eins autobiografisch, selbst wenn die Ich-Form verwendet wurde; es war in dem Fall nur einfacher mich hineinzuversetzen.

jung und wild (12/2020)

für das Kind in mir

wachsen, echt sein, gerne
träumen von der Ferne
alles will ich ausprobieren
Lust am Leben nicht verlieren
unvernünftig auch
Entscheidung aus dem Bauch
einfach herrlich frei
kein Beinbruch ist dabei
stark wie die Sau braust
komm mit, wenn du dich traust
weiß schon, was ich will
bin einfach niemals still
immer laut gelacht
Spaß ist meine Macht
ich tanze bei jeder Gelegenheit
mein Leben ist ganz weit

Frau mit Hut (5/2020)

Eine Frau mit einem Hut
Er steht dir ausgesprochen gut
Barfuß auf einer Blumenwiese
Die Melodie der Brise rieselt
Ein Wald voller Leben und Ruhe
Ein Schatz auf der grünenden Flur
Ein Schmetterling, der einfach treibt
Für jede Blüte bereit
Ein Bach mit Wasser so klar
Ein Lebensquell ganz nah
Ein Lieblingsplatz
Der Geborgenheit schafft
Eine Künstlerin mit Willenskraft
Wie ein sonniger Morgen warm
Ein summender Bienenschwarm
Eine schwarz blitzende Wolkenwand
Den Genuss des Prasselns erkannt
Wie ein Sommerregen vergnüglich
Und wie der Duft der Liebe lieblich

Dolly Parton (*1946)
Für meine Mutter (2017)

„Finde heraus wer du bist,
und sei dabei ganz du selbst.“[1]
Wenn du weißt, wer du bist,
stehst du stark wie ein Baum,
den der Wind nicht verbiegen kann.
Weißt du nicht, wer du bist,
wirbelst du wie Blätter im Wind,
mal hierhin, mal dorthin,
wirst umgedreht,
weggeweht,
treibst in der Luft
oder weilst kurz am Boden
und wirst weitergeströmt.

Wer du bist:
Du fühlst dich, fühlst dich gut,
fühlst dich richtig und es ist gut,
was du tust. In allen Belangen
geleitet vom Gefühl mit dem
Wissen zur Seite, wie du lebst,
ist es gut. Du bist einig mit dir,
weißt, was du willst,
gefällst dir im Spiegel und
bist gespannt auf die Welt.

---

[1] Originalzitat Dolly Parton: “Find out who you are and do it on purpose.”

Du freust dich an Dingen,
bist fröhlich im Bauch,
hast Lust auf das Leben
und Flausen im Kopf hast du auch.
Zuerst das Gefühl, dann
das Wissen wie, so bist du richtig.
Vergiss es nie.

Junger Mann (12/2020)

Dieser wunderschöne junge Mann
Ein freundliches Gesicht
Weiche Züge
Sein Wesen muss wunderbar sein

Weiß er, was er alles kann
Kennt er sein inneres Licht
Keine überheblichen Höhenflüge
Sein Ich lädt zum Verweilen ein.

Ambivalenz (9/2021)

Zwischen lieben und klammern
Zwischen halten und loslassen
Einerseits wollen, aber auch jammern
Dabei sein und alles verpassen

Ambivalenz von Größe und Blöße
Von Feigheit und Mutmachen
Von Träumen und Versäumen
Von Lachen und Krachen

Wer kennt nicht die Ambivalenz
Von Großherzigkeit und Neid
Von Eigenheit und Konsens
Freude und Leid

Die innere Ambivalenz
Zwei Herzen in einer Brust
Eigenliebe als Kern-Kompetenz
Trotz täglicher Rückschläge und Frust

Mein Herz (12/2021)

Ich habe ein ganz großes Herz
Es blutet von innertiefstem Schmerz
Mein Herz lacht besonders laut
Es hat eine extrem dünne Haut
In meinem Herzen brennt das heißeste Feuer
Es hasst all die Dämonen und Ungeheuer
Mein Herz geht auf nach Herzenslust
Es wütet stark beim kleinsten Frust
Romantische Einsamkeit ist ein Genuss
Doch dann will mein Herz einen richtigen Kuss
Mein Herz zeigt Güte und Dankbarkeit
Es schlägt für uns die ganze Zeit
Ich folge meinem Herzen wohin es rennt
Weil es mich verdammt gut kennt
Mein Herz ist eine meiner größten Türen
Es lässt mich all mein Leben spüren.

Großmaul (12/2019)

Laut gebrüllt und nichts dahinter
Meint er das wirklich ernst oder spinnt er
Leider kann er nur auf die Kacke hauen
Einem Großmaul würde ich aus Prinzip nicht vertrauen
Jemand, der bewertet und kategorisiert
Ist von vornherein viel zu wenig differenziert
Ich hatte die unzweifelhaft irre Vorstellung
Als Politiker sei man diplomatisch in Verhandlung
Wurde als Kind wohl zu viel gelobt
Und wenn nicht, hat er lauthals getobt
In der Psychologie nennt man das Tyrann
In der Politik gilt er als Staatsmann
Jetzt schließt sich die Welt der unangenehmen Bonzen
Mit Donald Trump und Boris Johnson
Ein Möchtegern-Comic-Star und ein verrücktes Haarsenal
Die neue Generation Kindergarten mit Egoismus-Potenzial
Was ihr kaputttrumpt ist euch egal
Hauptsache ihr kommt ins Geschichtsjohnsonal

Kalter Kaffee (10/2020)

Trump war anders, keine Frage
Doch nochmal wählen diese Blage
Die Witzfigur ist nur einmal zu ertragen
Im Rückblick doch nur Unbehagen
Groß geschimpft und nichts erreicht
Halt ab und zu die Haare gebleicht
Klimakrise und Corona negiert
Kritische Fragen wegregiert
Rassismus nicht mal ernst genommen
Und dafür keinen Verweis bekommen
Damit hast du als Präsident der USA
Schon so viele mitlaufende Anhänger?
Einen, der es nicht schafft, sich als Staatsmann zu geben
Das will ich doch nicht nochmal erleben
Das ist ein Bild, das ich nicht raffe
Und schmeckt wie abgestandener kalter Kaffee

A blossom so sweet (5/2020)

Cornelia – the name like a blossom so sweet
Dancing in the wind with a musical beat
The character as fine as memory timeless
A teacher of unforgettable kindness
This blossom of brightness twirling in the breeze
Finding herself in writings at ease
Her roots clinging to the nourishing ground
Dreaming of romantic enchantment around
A darling blossom so sublime and fragile
With cherishing moments of life so agile
The most compassionate blossom in sight
Tranquility, depth, love – a blossom of such delight

Frühlingserwachen (3/2022)

Nach der kalten, dunklen Jahreszeit
Steht der schnelle Frühling bereit.
Will seine Wunderwerke vollbringen,
Will wachsen, strahlen und singen.

Die Blume sprießt aus ihrer Zwiebel,
Der Vogel singt von jedem Giebel,
Die Sonne strahlt in voller Pracht,
Das hat der Frühling gut gemacht.

Blickfang (9/2020)
Für Anna Lisa und Kai

Zwei beherzte Blüten
Die sich stolz behüten
Wertvolle Natürlichkeit
Gepaart mit Offenheit
Ein Blickfang im Raum
Ein blühender Traum
Den nötigen Esprit
Haben er und sie
Zusammengetan
Vom Schicksalsplan
Wandeln wie stille Sterne
Und strahlen gemeinsam schon von Ferne

Daniela-Dynamik (10/2020)

Ich bin toll
Ich bin stark
Ich kann was aushalten

Ich bin liebevoll
Ich bin nicht wortkarg
Ich kann mich raushalten

Ich bin nicht artig
Ich bin ehrlich
Ich bin gut im Schlichten

Ich bin einzigartig
Ich bin herrlich
Ich kann auf ALLES verzichten

Ich bin überlegen
Ich bin offen
Ich bin groß

Ich bin am Leben
Ich kann hoffen
Ich bin famos

Ich bin toll
Ich hab's gesagt
Ich bin fröhlich

Ich bin wertvoll
Ich bin begabt
Ich bin Ich

Mut (1/2020)

Mut macht stark
Was ich auch trag
Er macht autark
So dass ich es wag
Mut unterstützt
Und beschützt
Vor Kampf und Weh
Weil ich klar seh
Durch seine Stärke
Blühen Tageswerke
Mut ist Sicherheit
Mut schenkt Zeit
Ich bin bereit
Durch Mut befreit

Cheers (1/2020)

Heut ist Mädelsabend mit Raclette
Ohne Kinder, das ist doch nett
Schlemmen, trinken, herzhaft lachen
Sabbeln bis uns die Ohren krachen
Ich sehe uns beim Strip-Poker
Halbnackt in der Hand nen Joker?!?
Wir brüllen laut über ganz Schornbaaach
Denn wir sind schon zu lange waaach
Wir spielen Wahrheit oder Pflicht
Aufgeweichte Regeln gibt es nicht
Wir sind wie immer total verrückt
Spinnen Stories wild bestückt
Sind immer noch nicht angezogen
Wandern nachts übern Regenbogen
Wir lassen uns einfach zünftig gehen
Können grinsend über uns selber stehen
Die Männerwelt ist ausgeschlossen
Dafür sind wir zu besoffen

Party-Maus (5/2020)[2]

Ich falle müde und glücklich ins Bett
Die Party heute war voll fett
Mit Freunden an der Bar gesessen
Den Spaß am Lachkrampf abgemessen
Getanzt, gerockt und die Füße gespürt
Zwischendurch im Cafetto gerührt
Angestoßen auf alles und jeden
Über alte und neue Schandtaten reden
Die tobende Menge um mich rum
Der Bewegungsdrang noch nicht auf stumm
Wieder reingeworfen in die Musik
Ja, ich bin ein Party-Freak
Und in den grauen Morgenstunden
Laufen wir heim, leicht angetrunken
Das Wegebier darf auch nicht fehlen
Da kann ich auf meine Freundinnen zählen
Die nächste Party kommt mit Applaus
Dann werde ich wieder zur Party-Maus

[2] Ich habe mit dem Gedicht meinen Freundinnen und mir während des ersten Lockdowns ins Gedächtnis gerufen, wie gut sich so eine echte Party anfühlt, da die Party zu meinem 40. ausfallen musste.

Für alle Fälle (7/2021)

Für alle Fälle
bin ich für dich da
leite dich
begleite dich
bin an deiner Seite
stütze dich
beschütze dich
will deine Schulter sein
für alle Fälle
will ich dich bestärken
höre dich
tröste dich
verstehe dich so gut
halte dich
bewerte nicht
geb dir neuen Mut
sing mit dir
spring mit dir
erforsch die ganze Welt
für alle Fälle
so wie es dir gefällt

Erfrischende Gespräche (11/2019)

Mit dir kann ich über alles reden,
Gott, die Welt, mich und jeden.

Wir tratschen, träumen, trauern,
um noch nicht zertretene Mauern.

Wir lullen, lernen, lachen
über große und kleine Sachen.

Wir schnauben, schnattern, schnacken
übers Kochen und übers Kacken.

Wir erzählen, erleben, erfreuen
uns an alten Schätzen und neuen.

Wir sprechen, spaßen, spinnen
über Herzenswünsche von innen.

Wir jauchzen, jammern, jodeln
über Sonnenschein und Rodeln.

Wir verreißen, vergleichen, verklären
kleine Kinder und große Bären.

Wir reden, raunen, ratgeben
über die Liebe und das Leben.

Wir finden immer eine fröhliche Wende
und unsere Gespräche sind nie zu Ende.

Familienleben (12/2019)

Familie heißt nehmen und geben
So wollen wir zusammen leben
Wir helfen uns bei schwierigen Sachen
Teilen höchstvergnüglich das Lachen
Wir streiten übers Reste-essen
Können alle das Frühaufstehen fressen
Wir können eben noch wunderbar spielen
So tun als ob die andern einfach fielen
Wir gehen miteinander zum Fußball
Finden das Putzen nicht so prall
Wir trösten uns immer herzlich
Haben Papa ... am liebsten ganz für mich
Wir wollen zuhören und lieben
Beim Backen jeder selber sieben
In der Badewanne aufschäumen
Nie den Geschirrspüler ausräumen
Wir Eltern geben euch einen guten Rat
Ihr nehmt ihn hin und schreitet zur Schandtat
Wir feiern wirklich rauschende Feste
Und zanken über die besten Äste
Unsere Ausflüge sind ein Erlebnis
Und platte Kinder das Ergebnis

Meine Familie

Weißt du, eine Sache ist ganz klar
Meine Familie ist immer für mich da
Wir können die Freude gemeinsam teilen
Oder, in Traurigkeit miteinander verweilen
Und wenn mich etwas schmerzlich bedrückt
Heißt das, dass meine Familie zusammenrückt
Wir wissen wie es den anderen gerade geht
Welche verzwickte Entscheidung ansteht
Es tut gut wie die anderen mitdenken
Ideen entwickeln, Liebe schenken
Miteinander laut lachen
Innig krachen
Wir

12/2019

Felicitas vollendet (10/2020)

Versunken im Tanz
Goldscheinender Glanz
Die Sinne erlebend
Klanggleich bewegend
Die Seele ganz frei
Heilung dabei
Feuer und Luft
Verströmender Duft
Wasser und Erde
Und als es Licht werde
Eine wunderschöne Frau
Stellst deinen Glanz zur Schau
Selig und erhebend
Die Bühne bebend
Mit natürlicher Kraft
Ureigene Stimmung entfacht
Reiz und Sehnsucht gestillt
Ein berührendes Bild

Matjora (4/2020)

Matjora, du bist so unglaublich schön
Ich liebe es in deine starken Augen zu sehen
Ich sehe darin deine ganze Vernunft strahlen
Die Unvernunft durchblitzen, aber nicht prahlen
Ich staune über deine innere kreative Kraft
Wie in dir Können und Wissen schafft
Ich bewundere dein beruhigendes Gemüt
Wie die Liebe für deine Familie in dir blüht
Ich erkenne deine äußere Schönheit von innen
Du strahlst, denkst, blühst mit allen Sinnen

Der Weg zu mir (9/2020)

Wie findet man sich?
Wie spüre ich mich?
Da hilft der Verstand nicht
Der Bauch bringt mich ans Licht
Es ist egal was andere sagen
Nicht nach guten Manieren fragen
Egal was ich denke
Welche Chancen ich verschenke
Mein Bauch will schlafen, trinken, essen
Alles andere ist vermessen
Ich will einen Schritt gehen
Will atmen und nicht verstehen
Ich richte mich auf
Hab meinen eigenen Gang drauf
Ich will gucken, sehen, fühlen,
Kann kippeln ohne zu fallen von Stühlen
Werde ganz groß
Was mach ich jetzt bloß?
Ich will keine dunklen Gänge
Keine auferlegten Zwänge
Wieder in mich spüren
Welches sind meine Türen
Ich will jede Tür versuchen
Einen So-bin-ich-Kurs buchen
Ich will glücklich mit mir sein
Kein Lächeln zum Schein
Ich entscheide aus dem Bauch

Und Fehler mach ich auch
Meine Türen machen mich frei
Denn ich finde mich dabei
Dann stehe ich hier
Und bin ganz bei mir

Ehrlichkeit (12/2019)

„Ehrlich währt am längsten", kennst du den Spruch?
Ich glaube daran, dass das wirklich so ist,
Aber ob du auch ehrlich mit dir selber bist?
Ist einfacher deine Freundschaft geht zu Bruch.

Sich selber seine Schwächen einzugestehen,
Egal ob selbst verbrochen oder aufgedrückt,
Egal ob nachvollziehbar oder total verrückt,
Ist noch keinem Studierten mit links geschehen.

Es ist ein Prozess und bereichernder Einfall
Dich damit als Mensch zu konfrontieren,
Dein selbst geschaffenes Lügenbild zu korrigieren
Und dich zu lieben trotz Selbsterkenntnisknall.

Selbstbestimmt (11/2019)

Sei rundherum selbstbestimmt
Frei wie ein Sommerwind.
Fühle dein Innerstes
Losgelöst, ohne Stress.
Hör darauf, was du willst
Dass du dein Leben stillst.
Greife die Leichtigkeit
All deiner Eigenheit.
Sei einfach wie du bist
Hast du dich schon geküsst?
Nimm dich schlicht selber wahr
Werde dir selber klar.
Spüre das Kind in dir
Wild, frech und mit Pläsier.
Zeig deine Liebe auch
Einfach nur aus dem Bauch.
Sage laut: Ich bin Ich
Einfach so nehm ich mich.

Ich ziehe das Leben an (3/2021)

Ich ziehe das Leben an
Wie eine Lieblingsjacke
Und bastel gerne daran
Wie ich das Leben packe

Ich ziehe das Leben an
Jeden Tag auf´s Neue
Freude ist heute dran
Sonne mit zarter Bläue

Ich ziehe das Leben an
Das Leben ist ganz bunt
Trage das bunte Band
Wie ein junger Hund

Ich ziehe das Leben an
Umarme die große Welt
Zeige mir, was ich kann
Weil es mir gefällt

Offene Gesellschaft (11/2019)

#Wir sind das Volk

Offene Gesellschaft, Multi-Kulti, egal wie du es nennst,
Ich bin überzeugt, dass du es auch kennst.
Wir müssen keine offene Gesellschaft mehr gründen,
Wir leben längst so, ihr müsst sie nur empfinden.

Wir sind zusammengewürfelt aus aller Welt,
Polen, Amerikaner, Deutsche – wer sich dafür hält –
Italiener, Türken, Russen, Afrikaner und Inder,
Chinesen, Kroaten, und all ihre Kinder.

Franzosen, Engländer und was stört euch daran,
Dass jeder ein Mensch ist und es hier auch sein kann?
Ihr seid oberflächlich und betrügt euch, wenn ihr denkt,
Dass ihr euch als Deutsche reinen Wein einschenkt.

Wir sind seit Jahrhunderten keine Monokultur,
Würden ja auch verkümmern, gäb´s rein Deutsche nur,
Würden uns im Kreis drehen, in der eigenen Suppe gären,
Die Vielfalt steckt schon im Wort vermehren.

Mehr in jeder Hinsicht, das macht uns reich
An Wissen und Fühlen und Leben zugleich.
Wir können nur eine starke Gesellschaft sein,
Wenn jeder als Mensch seine Kraft gibt hinein.

Sobald ihr euch rauszieht und besser sein wollt,
Steht ihr außenvor, habt euch selbst rausgerollt.
Wir Menschen sind für Gemeinschaft gemacht,
Gehörst du nicht dazu, hast du es nicht weit gebracht.

Beim nächsten Brüllen, „Wir sind das Volk“,
Überleg mal aus welchen Ahnen du folgst.
Es könnte ja sein, sogar sehr wahrscheinlich,
Dass du gar nicht „Deutsch“ bist, mein Gott wär das peinlich...

Verzeihung bitte (8/2020)

Sich selbst zu verzeihen ist der schwerste Schritt
Du müsstest dafür erst begreifen
Welches Gefühl, welche Schuld dich tritt
Damit du beginnst diese Haut abzustreifen

Anderen zu verzeihen bist du viel bereiter
Der Vorwurf trifft sie und nicht dich
Ein klärendes Gespräch bringt euch weiter
Jeder geht mit einem guten Gefühl für sich

Diesen Disput mit sich selbst zu klären
Ist ganz klar zu viel verlangt
Es muss dir ein Vertrauter Zuflucht gewähren
Mithelfen zu spüren, was in dir wankt

Jedem anderen würdest du auch vergeben?
Dann kann es nicht so schwer sein
Dir selbst die erlösenden Worte zu geben
Die dich von deinem Druck befreien

Im Grunde nur einen Moment Geduld
In dem du bereit bist es sachlich zu sehen
Dann: mit dir selbst und frei von Schuld
Kannst du bewusst ins Leben gehen

Sorgen und sorgen (2/2020)

Du kannst noch so gut für dein Kind sorgen
Es kann trotzdem sterben bei einem Autounfall
Sich das Leben nehmen oder hat einen Schlaganfall
Wir können ihr und unser Leben nur borgen

Du kannst niemanden immer beschützen
Es kann trotzdem jemand ertrinken
Einen Herzinfarkt haben oder im Alkohol versinken
Das Sorgen wird uns gar nichts nützen

Du kannst noch so gut vorsorgen und aufpassen
Du kannst trotzdem an Krebs sterben
Unheilbare Leiden haben oder getötet werden
Es hilft nichts, wir müssen loslassen

Das Leben liegt einfach nicht in unserer Hand
Wir können es nur fröhlich genießen
Alles ausprobieren, feiern, in Liebe sprießen
Und bis ans Ende leben, auf alles gespannt

Angst (10/2019)

Sie sitzt dir im Nacken
und hörst du, sie schreit
mal ist sie leiser
aber nur für ne Zeit

Sie ist immer bei dir
und fühlst du, sie nagt
mal ist sie satt
aber dann kommt wieder der Tag

Sie hockt immer bei dir
und siehst du, sie grinst
sie guckt auch mal anders
aber immer so, dass du spinnst

Sie vergiftet deinen Duft
und riechst du, sie ist bitter
mal verduftet sie kurz
aber dann kommt das Gewitter

Und wollen wir sie loswerden
ja – unbedingt
dann sei nicht von Angst umringt,
sondern frei wie ein Kind

Wut (10/2019)

Kratzen, Hauen, Beißen,
warum soll ich mich zerreißen
ich kann auf euch alle scheißen
Lasst mich einfach in Ruhe
zieh mich zurück in meine Truhe
und will kein blödes Getue
Ja, ich bin manchmal krass
wenigstens regt sich was
ihr macht mich nicht nass
Ich zeig wer ich bin
dann ist´s eben mal rot dein Kinn
wenigstens begreif ich´s in mir drin
Ihr habt keine Ahnung
von meinem Konflikt keine Planung
da habt ihr Pech
Ich bin allein
keiner sieht in mich rein
keiner steht mir bei

Der Tod (2017)
Oder Trauer um Henning[3]

er kommt unerwartet und reißend
er zieht und zehrt
und er ist beißend
der Schmerz
Du bist allein, keiner sieht in dich rein
doch die Höhle in dir ist heiß
das Feuer zerreißt dich
dunkle Nächte quälend lang voller Tränen
die Gedanken unerträglich die Bilder
die Gewissheit ist boshaft
<u>Er</u> kommt nicht zurück.

[3] Als mein Bruder sich das Leben nahm, war meine Welt schwarz und auf den Kopf gestellt

Endgültigkeit – Ein Erlebnis (5/2020)

Es ist egal, was du denkst, was passiert
Es wird auf jeden Fall anders als man denkt
Es wird wie die Pest, die grassiert
Weil es dein Leben sprengt

Irgendwann kommt der grausame Anruf
Und reißt dir den Boden weg
Es ist die Hölle, die Gott schuf
Sie brennt dir ein diesen Schreck

Du wirst den Gedanken nicht mehr los
Es wird auch dich treffen mit den Kindern
Der innere Krampf so groß
Und du kannst es doch nicht verhindern

Regenbogenhaus (12/2019)

Ich wünschte ich wohnte in einem Regenbogenhaus
Es sähe wie ein Regenbogen schön angemalt aus
Es würde fett draufstehen: WIR SIND BUNT
Im Herzen, im Geiste, bis hin zum imaginären Hund
Du bist willkommen, egal wie du aussiehst und heißt
Es ist egal, ob du Tattoos hast oder drauf scheißt
Egal ob homo oder hetero, bei uns zählt wahre Liebe
Egal ob klein, groß, buntkariert, es gibt keine Hiebe
Egal ob sehr stark geschminkt oder auch nüchtern
Du kannst ein Draufgänger sein oder halt schüchtern
Du bist hier frei, darfst sein wie du dich denkst
Solange du die Freiheit auch anderen schenkst
Wir wollen friedlich und in Gemeinschaft leben
Nach Charakterbildung und Selbstbewusstsein streben
Und bis das mit dem Regenbogenhaus soweit ist
Schreib ich dies Gedicht, damit ihr es auch wisst.

Du bist stark (3/2020)

Du sollst nicht auf andere hören
Du bist stark, wenn du selber wählst
Du sollst nicht auf einen Bund schwören
Du bist nur stark, wenn du keinen quälst

Du sollst niemandem hinterherlaufen
Du bist stark auf deinem eigenen Weg
Du sollst nicht im Druck der Masse ersaufen
Du hast es nicht nötig, geh deinen friedlichen Weg

Du sollst nicht machen, was andere sagen
Du bist stark, wenn du freier Meinung bist
Du solltest die Ideen anderer hinterfragen
Du bist stark, wenn du klare Flagge hisst

Du sollst keinen über dich bestimmen lassen
Du bist stark, wenn du dich nicht duckst
Du bist besonders stark ohne zu hassen
Du bist stark, wenn du nicht wegguckst

Wellness – Elegant (5/2020)

Danke Nike [4]

Der Elefant
Ist total elegant
In seinem grauen Gewand
Läuft er über den Sand
Ganz stolz mit Fuß und Hand
Und er ist besonders gespannt
Wo sein feiner Verstand
Das Wasser fand
Nach dem letzten Sonnenbrand

Jetzt hat er die Stelle erkannt
Und kommt mit seiner Herde angerannt
Wie eine große graue Wand
Füllen sie das Wasserloch bis zum Rand
Brauchen gar kein all-inclusive Band
Weil das andere Getier auch so verschwand
Wellness an der Waterkant

---

[4] Ideengebung einer 2-Jährigen, die statt „Elefant" immer „Elegant" gesagt hat.

Duschen mit Spinne (8/2020)

Ich musste duschen mit fetter Spinne
Das aktiviert wirklich alle Sinne
Es ist so lebensbedrohlich eklig
Mein erster Duschversuch also kläglich
Nicht so ne dünne mit langen Beinen
Nein, eine fette, es war zum Weinen
Stell dir vor, sie bewegt sich vielleicht
Wenn die Augen zu sind und sie runterschleicht ...
Soll ich mich tatsächlich trauen
Es ist ein totales Dilemma mit Grauen
Also gut, ich sorge für mich
Und dusche zaghaft vorsichtig
Immer den Blick nach oben gerichtet
Auf dass mich die Spinne nicht vernichtet
Die schnellste Dusche mit Bedacht
Hat mich dann doch nicht umgebracht
Haare zu Berge, Angstschweiß gerochen
Doch sie ist nicht aus ihrer Ecke gekrochen

Zufriedenheit (5/2020)

Zufriedenheit ist keine Kunst
Es ist auch keine Himmelsgunst
Zufrieden bin ich nur mit mir
Wenn ich mein Rückgrat nicht verlier
Wenn ich in den Spiegel schau
Und werde dann vor Scham nicht blau
Weil ich mich nicht verbiegen muss
Meine Haltung ist der Genuss
Wenn ich mit mir zufrieden bin
Ist jede Freundschaft ein Gewinn
Erlebe mich mit der Lage zufrieden
Fühl mich nicht vom Gerede getrieben
Ich bin bei mir dann froh zuhaus
Und muss für nichts aus mir heraus

Die leichteste Schulter (3/2021)

Die leichteste Schulter gefällt mir sehr
Da wiegt der ganze Ballast nicht schwer
Das Leben fällt mir einfach zu
Es ist kein festgeschnürter Schuh
Ich wippe leicht wie eine Feder
Rede frei und weg von der Leber
Kann mir ein kesses Lächeln geben
Leicht geschultert ist das Leben
Und am leichtesten ist es wohl dann
Wenn ich mir blind vertrauen kann

Zuversicht (8/2020)
Frei nach Doris Dörrie

„Zuversicht ist ein schönes Wort."[5]
Es führt über einen beruhigenden Ort
Weiter in ein positiv lebendiges Lachen
Ist ein erhebendes Gefühlserwachen

Es füllt den Körper glanzvoll aus
Ein köstlich üppiger Gaumenschmaus
Ein wohliges Sehnen – Gehen nach vorn
Und bietet ein Gefühl wie neu geborn

---

[5] Das Zitat von Doris Dörrie ist aus ihrem Buch: *Leben Schreiben Atmen. Eine Einladung zum Schreiben.* Diogenes Verlag 2019, S. 63

Gülşah, meine Rosenkönigin (1/2019)

Die Königin der Rosen ist stark,
ihre Blüten und Haut sind zart.
Die Wurzeln sind beständig und fest.
Sie übersteht Dürre, Krankheit und Pest.
Mit der richtigen Pflege wird sie
danach strahlen und glänzen wie nie.
Die Königin hat Durchhaltevermögen und Kraft;
weil sie nach jedem einzelnen Schlag ein neues Erblühen schafft.
Die Rosenkönigin steht jedes Jahr wunderschön,
lebt neu, immer weiter, und es beglückt sie anzusehn.
Ihre Einzigartigkeit ist die Kraft des Strebens.
Ihre Schönheit kommt aus der Freude des Lebens.

Gülşah, meine Rosenkönigin (1/2021)

Die Rose, sie ist wunderschön
Die Königin liebt es sie anzusehn
Ihre Blüte ist so zart und lieblich
Ihr Aufbau fein und unglaublich friedlich
Die Blätter bezaubernd ineinander gelegt
Die Farbe frisch, der Glanz gehegt
Die Königin berührt diese Farbenpracht
Als hätte die Rose sie freundlich angelacht
Die Königin kommt näher zum rosigen Duft
Sie verströmt betörenden Charme in die Luft
Die Königin und die Rose fühlen sich verbunden
Die Schönheit, die Farbe, ihr Duft fest umwunden
Nach außen beschützt die Rose sich prächtig
Doch nach innen sind ihre Dornen ohnmächtig
Die Königin und die Rose gehen Hand in Hand
Das Gefühl der Königin schützt die Rose mit Verstand

Valentinstag (2/2022)

Zu dem einen Tag ein opulenter Strauß
Drückt auch viel Vergänglichkeit aus
Eine Schachtel von den teuren Pralinen
Verhindert nicht die fetten Kalorien
Goldener Schmuck kann nicht aufwiegen
Wie viel Ehrlichkeiten in den Gefühlen liegen
Und es muss auch keine große Reise sein
Mit der man prahlen kann zum Schein
Mir ist in dieser ganzen Valentinsaffäre
Viel wohler, wenn´s bescheidener wäre
Wenn die Liebe nicht bestimmt vom Preis
Sondern ich sie liebend bei mir weiß
Wenn sie loyal, frisch und gewachsen
Täglich versüßt wird mit verliebten Faxen
Und wir zufrieden mit dem wie es ist
Uns nahezu täglich gleichsam geküsst
Heute umschlungen in den Armen liegen
Weil wir zwischen uns die Liebe wiegen

Silvester (12/2019)

Das alte Jahr geht zu Ende
Kurz Zeit für eine Rückblende
Dann kein Blick mehr zurück
Jetzt heißt es neues Jahr neues Glück

Gefühlt die Sorgen hinter sich lassen
Keine ersehnte Chance verpassen
Eine positive Zukunftsvision
Vom Hauptgewinn irgendeine Version

Das Leben kann auch einfach so bleiben
Es muss kein neues Märchen schreiben
Wenn das, was gelebt, schon golden ist
Gibt es nichts, was das Leben besser misst

Egal, wie das Leben nun eben spielt
Welche Versprechen das alte Jahr hielt
Es gibt lauter gute Vorsätze fürs neue Jahr
Doch nach ein paar Tagen im Januar
Ist die alte Routine schon wieder da
Bis zum Silvesterabend in diesem Jahr

Erwartungen (12/2021)

Wer zu viel erwartet, wird enttäuscht
Das ist ein ungutes Magengeräusch
Steigt auf ins Herz und erbricht sich in Gebrüll
Da liegt der ganze Erwartungsmüll
Zwar ausgespuckt, aber nicht aufgelöst
Die nächste Erwartung schlummert und döst
So kann man sich immer wieder enttäuschen
Umgeben von ätzenden Erwartungsgeräuschen

Erwartungsdruck (9/2020)

Die Belastung ist zu stark
Die Sinne nicht mehr autark
Ich renne dem Druck hinterher
Der Widerwillen brennt schwer
Schon spür ich mich nicht mehr
Es geht nur darum zu genügen
Den anderen was vorzulügen
Gute Laune im Gepäck
Doch ich fühle mich wie Dreck
Kann nicht mehr in den Spiegel sehen
Wie soll ich morgens aufstehen
Die Belastung gewinnt
Mein Lebensgrund rinnt

Spannung (9/2020)

Die Spannung in mir
Zerreißt mich schier
Die Ursachen vielseitig
Die Tatsache zweischneidig
Muss mich aufraffen
Kann nicht loslassen
Fühle mich ständig wie krank
Weil ich so dazwischen wank
Die Spannung zieht und zerrt
Ich fühle mich verkehrt
Wenn dann von außen was stört
Fühle ich das unerhört:
Auf die Spannung kommt Druck
So dass ich mich wegduck
Es ist total unangenehm
Unter Dauerspannung zu stehn

Fehlgeburt (2/2020)

Dein Kind ist weg
Der schlimmste Schreck
Du stirbst sofort mit
Ein vernichtender Tritt
Noch kaum dein Kind gespürt
Mit Tabletten abgeführt
Das Leben aus
Schmerzzerreißender Graus
Den Herzton gesehen
Da hilft kein Flehen
Dein Kind genommen
Du musst drüber wegkommen
Bist sowas von allein
Es ist hundsgemein
Keiner hilft zu verstehen
Dass das geschehen
Du willst da nicht sein
Schaffst nicht mal zu schrei´n
Abgestellt auf dem Flur
Unendliches Ticken der Uhr
Kind wird schnell ausgeschabt
Egal wie sehr es in der Seele nagt
Zum Abschied keine Zeit
Du trägst das ganze Leid
Dein Herz hinter Mauern
Kannst nicht mal trauern
Das Gewebe eingeschickt
Dein Leben ausgetickt

Im freien Fall
Schneller als der Schall
Alle Gefühle taub und stumm
Quälender Schmerz und ein großes Warum

Auf das Bitterste wirst du in der Gynäkologie
der Klinik geritzt
Weil du als Einzige direkt neben dem Kreißsaal,
aber ohne Kind sitzt

Fehlgeburt – Kein Trost (9/2020)
Für die Freundin meiner Schwester

Das Leid ist so unendlich groß
Die Leere hier in meinem Schoß
Mich hatte es zweimal erwischt
Das eigene Gefühl erlischt
Wie soll ein anderer verstehen
Was da in uns selbst geschehen
Wie unglücklich, wie zweifelhaft
Wie ausgemerzt, wie ohne Kraft
Alles wird dir weggenommen
Fühlst dich so wie ausgenommen
Egal wie tröstend die andern sind
Es ist weg und ist dein Kind
Wer will es dir wiederbringen
Wer an deiner Stelle ringen
Kein Mensch kann deine Sehnsucht teilen
Trotzdem, versuche zu verweilen
Ich bitte dich und nur für dich
Das Leben geht weiter und ist auch glücklich
Wenn jemand wie du darauf besteht
Dann gibt es irgendwo einen Weg

Die Angst (1/2020)

Die Angst raubt dir die ganze Kraft
So, dass dein Körper nichts mehr schafft
Deine Seele ist ein schwarzes Loch
Bist du abgestorben oder lebst du noch
Körperlich anwesend, nur ein Organ
Kein Gefühl, schon gar nicht spontan
Die Angst frisst langsam alles weg
Muskeln, Gewebe, Leber, Herzfleck
Die Angst frisst alles, Freude und Spaß
Träume, Liebe, Sicherheit, das rechte Maß
Die Unsicherheit macht alles noch schlimmer
Du kannst schon nicht mehr und spürst es immer
Die Angst hört nicht auf, du wirst immer kleiner
Die Angst zu besiegen schafft alleine keiner
Sie nagt genüsslich weiter bis zum Schluss
Todesschuss

Gottgewollt (2/2021)

Hätte Gott nicht gewollt, dass wir als Menschen leben
Hätte er Eva nicht den roten Apfel gegeben
Wir sollen also Mensch sein und selbst entscheiden
Sollen neugierig sein und vielleicht an Enttäuschung leiden
Natürlich einander in Ehren halten
Und die Gemeinschaft nicht unnötig spalten
Oder wütend sein und auch mal anklagen
Unser unhöfliches Tun selber hinterfragen
Unsere Erkenntnis folgt aus der Neugier
Sonst gäbe es kein Internet, Wurst und Bier
Wie hätten wir uns entwickeln sollen
Gäbe es auf der Welt kein Liebestollen
Wir sollen also streiten und uns lieben
Und auch mal die schlechte Laune rumschieben
So sind wir menschlich und können es sein
Ich erhebe auf Eva ein großes Glas Wein
Denn ohne sich ein Herz für beide zu fassen
Hätte Eva das Paradies nicht verlassen

Himmel und Hölle (5/2020)

Es gibt ohne die Hölle nicht den Himmel
Es gibt nichts Gutes ohne das Böse
Es gibt kein Vertrauen im Gewimmel
Wenn ich mich nicht von der Angst löse

Es gibt keinen Glauben ohne zu zweifeln
Es gibt kein Richtig ohne Fehlerquote
Ich will im Leben nicht daran verzweifeln
Dass ich nur die Perfektion auslote

Ich will nicht blind und stumpf taumeln
Ich will all die Fehler sehen
Ich kann nur tief und fest glauben
Wenn alle Seiten zur Debatte stehen

Freigeist (1/2020)

Ich bin ein Freigeist
Brauche keine Anleitung
Die mich zurechtweist
Bei Nichteinhaltung

Ich mache mir die Welt
Wie sie mir gefällt
Ich nehme von den Dingen
Das Gute für mein Gelingen

Was ich nicht mag
Lass ich eben weg
Ein gängelnder Ratschlag
Hat bei mir keinen Zweck

Für mich ist nur wichtig
Ich weiß was ich brauche
Ich entzücke oder fauche
Und das finde ich richtig

Ich tue, was mir guttut
Bin unbestechlich im Wesen
Geh in den Tag mit Selbst-Mut
Und lasse verwesen
Was mir nichts bringt

Ich hab meinen eigenen Kopf
Und bin trotzdem interessiert
Versteh Politik, Verhalten, Industrieschropf
Bin total differenziert

Ich bin einfach so
Und verbiege mich nicht
Zeig dir auch den Stinkefinger
Wenn mir danach ist

Das ist gar nicht asozial
Ich bin voll Unterhaltung
Bin mega sozial
Aber nicht bei Erwartung

Erinnerungen (1/2021)

Wie ein Schmetterling beschwingt
Wie ein Bariton singt
Wie ein Pferd auf der Wiese
Wie eine Sommerabendbrise
Wie ein wärmendes Feuer
Wie ein verwunschenes Gemäuer
Wie Segelboote im Wind
Wie ein schlafendes Kind
Wie ein schallendes Lachen
Ein Funkeln entfachen
Ein wohliges Nachgehen
Dieser berührenden Szenen

Frei wie ein Kind (8/2020)

Wenn die weißen Wolken ziehen
Wenn die Sonne blinzelt
Wenn der frühe Vogel singt
Bin ich frei wie ein Kind

Wenn die sanften Wellen glitzern
Wenn der Sommerabend spielt
Wenn die Kirchturmglocke klingt
Bin ich frei wie ein Kind

Lagerfeuer (12/2021)

Gemütlichkeit bei reinem Wein
Lagerfeuer – tiefer Schein
Am Strand in der Nacht
Das Feuer entfacht
Ein Funke reicht
Der übergreift
Die Flammen sie wallen
Spür das Innere hallen
Zurück zum Ursprung
Das Leben ganz jung
Seelenfeuer und Einsicht
Die Hitze ganz dicht
Blick in die Gefahr
Das Fühlen so wahr
Flackernde Spitzen
Die vor Leben spritzen
Des Feuers weiser Rat
Eine heilende Wohltat

Die Ostsee (2/2020)

Die Ostsee ist mein Wohnzimmer
Mein Platz, mein Lebensraum, mein Hort
Wasser und Weite beruhigen mich immer
Ein umarmender Zufluchtsort

Ich sehe mich laufen im scharfen Wind
Die Wellen peitschen an Land
Ich schreite auf dem Sand wie ein Kind
Es zieht auf die donnernde Wand

Ich sehe mich sitzen im warmen Sand
Das Wasser glitzert und spritzt
Es ist unser aller Lieblingsstrand
Der totale Entspannung besitzt

Egal wie das Wetter, egal wie der Mut
Die Ostsee ist meine Idee
Es ist das Gefühl, dass mir guttut
Wenn ich die Ostsee nur seh

Leuchtturm
(8/2021)

Du bist mein Leuchtturm
Zeigst mir den Weg
Im größten Sturm
Suche ich deinen Steg
Der sichere Hafen
Durch dich angezeigt
Ein steter Freund
Der mit Ruhe erreicht
Was ich alleine nicht geschafft
Die Wogen zu groß
Der Sinn hingerafft
Doch du hast den Trost
Es wird nichts geben
Das ich nicht schaff
Denn du stehst da
Mit ganzer Macht
Leitest meinen Weg
Durch alle Nacht

Glücksgebet (2/2020)
Für Jeanette

Wir brauchen echte Freude
Herr, gib uns Jubelzeit
Was uns erdrückt, vergeude
Wir sind zum Spaß bereit

All die schönen Dinge
Wollen wir gerne sehen
Dass uns das gelinge
Lass das Grau vergehen

Wir wollen das Glück spüren
Sind stets darauf bedacht
Du kannst uns dahin führen
Dass unser Herz laut lacht

Ich halte dich (1/2020)
Für Jeanette

Ich halte dich in meinem Arm
Lass dich einfach fallen
Bin für dich da, innig und warm
Lass die Zeit noch hallen

Wie vergnügt war unsere Zeit
Wir haben das Beste draus gemacht
Auch wenn die bittere Erkenntnis einschneit
Haben wir doch zusammen gelacht

Nun heißt es trotzdem loslassen
Bist auf dich allein gestellt
Nein, nicht ganz, du musst es nur fassen
Ich halte dich, wenn es dir gefällt

Unsicherheit (2012)

Die Unsicherheit klopfte bei mir
und ich ließ die Unsicherheit in mein Haus.
Doch dann wollte die Unsicherheit nicht mehr raus.
Sie stellte sich vor
Ich gab ihr die Hand
Nichts ahnend, dass die Unsicherheit so schnell nicht verschwand…
Die Unsicherheit suchte sich ihren Platz
Ich lebte mit ihr aller Anstrengung zum Trotz
Wenn ich etwas wollte, hielt sie mich zurück
Die Unsicherheit entschied!
Wollte ich etwas sagen, verbot sie mir den Mund
Wollte ich mich anlehnen, zog sie mich davon
Wollte ich einmal Nähe, drückte sie mich zu sehr
Wollte ich mal entscheiden, lachte sie über mich
Voller Unverständnis schauten andere mich an
Waren denn alle anderen so viel besser dran?
Ich war die Einzige, keine Frage
Ich lebte mit Unsicherheit unzählige Tage
Die Unsicherheit wuchs ins Unermessliche
Mein Haus wurde zu eng
Ich drohte zu platzen
Ich öffnete die Tür und schob die Unsicherheit hinaus

Triggertier (10/2020)

Jeder kennt es, jeder hat es
Das Gefühl, das niemals platt ist
Das Gefühl, das dich begleitet
Immer Unwohlsein bereitet
Das dich tief im Innern angreift
In der Kindheit lang gereift
Es bringt dich immer in Verdruss
Dein Verstand macht mit dir Schluss
Du rastest schlicht und einfach aus
Denn das Gefühl ist dir ein Graus
Mit den Jahren noch geschlagen
Mal mehr mal weniger ertragen
Nur wird dir dann vielleicht bewusst
Woher kommt der große Frust
Warum greift mich das Ganze an
Obwohl ich gar nichts dafür kann
Es ist schlicht ein Urgefühl
Das sich einbrennt und aufwühlt
Sobald ein Trigger dich erwischt
Und dir die Keule überzischt
Dann fühlst du dich wie damals klein
Bist hilflos und willst so nicht sein
Hast du die Phase hinter dir
Lässt es los, das Triggertier
Wenn du es dann überwunden
Kannst du gestärkt wieder gesunden

Geschwister (11/2019)

Henning, ich vermisse dich so,
Hoffentlich trollst du dich im Himmel irgendwo.
Ich vermisse nicht
Dein depressives Ich,
Aber den Bruder, den ich früher hatte,
Liebevoll, kräftig und gut in Mathe.
Mit Autos gespielt, ein bisschen verschlossen,
Im Kindergarten die Milch vergossen.
Wutanfälle und Verantwortungsgefühl,
Samsø-Streifzüge und Spaßkloppspiel.
Ich vermisse unser gemeinsames Lachen,
Hab dich bewundert mit deinen Sachen.
In Sport, Musik, Kneipen warst du mir voraus,
Als Teenager gingen wir gemeinsam aus.
Meinen Mann habe ich nur durch dich,
Dafür danke ich dir ewiglich.
Deine Seele ist durch und durch gut,
Das gibt mir immer neuen Mut.
Ich seh dich im Himmel auf Wolken hüpfen,
Ab und zu in einen Vogel schlüpfen,
Ich genieße jeden Sonnenstrahl von dir
Und weiß dann, du bist im Geiste bei mir.

Sonnenschein (12/2019)

Ich freue mich über jeden warmen Sonnenstrahl
Empfange ihn friedvoll wie einen heiligen Gral
Schließe die Augen und spür das goldene Licht
Erfüllend, glanzvoll, strahlend in meinem Gesicht
Die Wärme geht mir langsam in jede Sehne
Das Licht überströmt jede einzelne Strähne
Die Sonne berührt genussvoll meine Haut
Mein sehnsüchtiges Herz wird lustvoll aufgebaut
Ich sprühe vor knisternder Faszination und Energie
Jedes Mal, wenn mich die Sonne innig küsst wie noch nie

Osteopathie – einladend (12/2019)

Komm und lass die Seele baumeln
Dieses Date lässt dich sanft taumeln
Zwischen Körpergefühl und Halbschlaf
Dein Körperzustand justiert sich nach Bedarf

Du wirst dich und deinen Körper spüren
Eine Reinigung deines Selbst durchführen
Die Natur deines Körpers wird stabilisiert
Die Lust deines Lebenszustands intensiviert

Du bist jetzt vollkommen und zufrieden
Dein Wohlgefühl relaxt nach Belieben
Körper und Seele sind wunderbar frei
Und dein Gesundheitszustand jauchzt dabei

Kanada (1/2020)

Das Land der unbegrenzten Ideen
Hier kannst du so viel Neues sehen
Die Kanadier und ihr Leben verstehen

Kannst die kanadische Natur begreifen
Durch ausgefallene Erlebnisse streifen
An der Kanadaerfahrung reifen

Kannst dort arbeiten und reisen
Dein Gefühl wird dir den Weg weisen
Auf den lauten Pfaden und den leisen

Du kannst mit Pferden und Tieren reden
Triffst vielleicht Engländer, Deutsche, Schweden
Magst bestimmt den einen oder andern, nur nicht jeden

Du kannst dort einfach sein und leben
Den Kanadiern deutsche Zurückhaltung und Ruhe mitgeben
Und mit ihnen kräftig einen heben

Kanada ist ein Können, kein Muss
Und ist Kanada dir im Überdruss
Fasst du eben einen Gegenentschluss

Canada (10/2020)

A wild roar
Beauty on the shore
Friendliness inside
And a great ride

Views of exultation
A sublime creation
Neatness in the hive
Yet fully alive

Framing valleys
Lovely alleys
Woods in bloom
Diversity in room

Nature in weave
Calmness to breathe
Fresh air
And the scent of a bear

Meeting a friend
Giving a hand
A wonderful feeling
This picture revealing

Liebe (12/2018)
Für Merina

Ich liebe dich
Ich liebe dich
Männer sind merkwürdig –
wiiiir sind es nicht ☺
Wenn, dann bestimme Ich!
Ich sag dir wo´s langgeht,
was geht und was nicht.
Akzeptier es lieber, sonst wird es nichts!
Du sollst nicht verschwinden hinter deiner Männlichkeit,
aber was männlich ist, scheint eine Weisheit,
die nicht jeder Mann kennt,
Lesson verpennt? ☺
du sollst nicht schleimen und nicht posen
sei von Herzen und in vernünftigen Hosen
du sollst nicht befehlen, doch wenn du mich fragst,
bin ich gern für dich da ☺☺☺

das erwarte ich auch von dir! – „Alles klar?" ☺
Zuneigung, Liebe, knisterndes Feuer, Körperwärme
geht nur, wenn du für mich und ich für dich schwärme
Wir beide arbeiten stetig daran,
oder glaubst du, dass nur ich das kann???
Ehrlichkeit, Ehe und Kindersegen
soll sich in uns beiden regen
Wir erziehen gemeinsam mit Spiel und Spaß,
doch wenn es zu viel wird, sagen WIR! was

Wir halten den Laden gemeinsam am Laufen,
sonst können wir uns für die Liebe nichts kaufen
Wickeln Kochen Füttern Putzen Geschrei und Gesumm
bringt mich ja auch nicht um ☺
also mach einfach mit
Dann sind wir im Glück ☺☺☺

Sex <u>oder</u> Liebe??? (7/2019)

Sex <u>oder</u> Liebe werde ich nicht verstehen
Bei mir kann beides nur zusammen gehen
Ich kann Sex ohne Liebe nicht gebrauchen
Das ist wie einen Joint ohne Inhalt zu rauchen
Wie ein hochgelobter Krimi mit lauter leeren Seiten
Die Spannung ist von Anfang an sehr bescheiden
Liebe ohne Sex ist genauso extrem
Das ist wie eine Darmspiegelung angenehm
Wie ein brennendes Feuer im Steinmauerhaus
Es will brennen und brennen und kann nicht raus
Sex ist doch Vertrautheit und wunderschön
Sex und Liebe sind unbedingt als Einheit zu sehen

Coronaparty (9/2020)

Coronaparty ist ein Ding
Weil ich mir den Virus einfing
Ich wollte zu gern Party machen
Aber keine halben Sachen
Ich ging froh und frei von Sorgen
Auf ne Party von übermorgen
Maskenball ist doch echt out
Hausfrauenparty abgeflaut
Nee, so ne Party mit Bier und Wein
Ziehe ich mir viel lieber rein
Also auf, vom Partyfieber gepackt
Hab ich mir den Virus eingesackt
Tanzen, trinken, torkeln, fliegen
Singend in den Armen liegen
Im Nachhinein nicht zu verstehen
Ich wollte doch nur auf ne Party gehen

Lockdown-Leid? (1/2021)

Echtes Leid ist ein Lockdown nicht
Es schlägt kein Krieg in dein Gesicht
Es frisst dich keine Hungersnot
Und Rebellen foltern dich nicht tot
Dein Leben ist zwar eingeschränkt
Nur... damit es nicht am Faden hängt

Corona-Dreck (5/2021)

Die, die sich über diese Zeit aufregen,
Haben keinen Dreck in ihrem Leben
Sie werden nicht im eigenen Haus
Vergewaltigt, Verprügelt oder
Eingesperrt wie eine Maus.

Die, die lautstark protestieren
Masken, Regeln, Solidarität demontieren
Haben eine Stimme, die laut brüllt
Die, die wirklich Leiden, sind Stumm,
und in Schweigen gehüllt.

Die einen verlängern diese Zeit
Sind zu Aufruhr und Kräftemessen bereit
Die anderen sind es, die untergehn,
Verstümmelt, Geschunden, Gebrochen
und nicht gesehen.

Ich halt´s mit Deichkind – Like mich am Arsch[6]
(10/2015)

Du siehst toll aus
was du machst, find ich gut
cooles picky
und ein geiler Hut

Du bist echt krass
ich bin dein Fan
mega witzig
und nen Daumen dran

Drei schnelle Küsse
Ein Emoticon
Klatschende Hände
aber kein echter Ton

---

[6] Original-Songtitel von Deichkind: Like mich am Arsch; Album: Niveau weshalb warum. 2015

Dagegen (12/2020)

Provokation ist mein Revier
Hier bin ich das Alphatier
Ihr wollt heile Welt
Ich bin dagegen
Hab der Welt
ne Ansage gegeben
Bin nicht bereit
einfältig zu sterben
Ich nutze die Zeit
für Entrüstung zu werben
Wenn ihr euch empört
Habe ich es geschafft
Ihr habts gefressen
Und ich habe die Macht

Demokratie schätzen (10/2020)

Ich schätze an der Demokratie
Nicht unbedingt die Bürokratie
Doch auch die muss eben sein

Es ist nicht nur Fun, Hip und Spaß
Die Freiheit, das gerechte Maß
Sind aber unbedingt dabei

Ich schätze Offenheit und Fortschritt
Dass die Gewaltenteilung eintritt
Und einen gemeinschaftlichen Bundestag

Das Volk wählt frei und demokratisch
Junge und Alte ganz unproblematisch
Es gibt keinen großen Alleinherrscher

Hier leben die Menschen miteinander
Themenstreits reiben aneinander
Man muss nicht jeden Hansel mögen

Doch auf Gewalt und Schaden folgt Strafe
Wir sind eben nicht immer brave Schafe
Doch der Gerechtigkeit untergeben

Bildung können wir alle genießen
Jeder in seinen Stärken sprießen
Wir haben es in der eigenen Hand

Insofern sehe ich die Demokratie frei
Kein Diktator, Willkür oder Krieg dabei
Das nenne ich lebens- und schützenswert

gerechtes leben (7/2020)

Wär´s nicht toll wenn alle gleich
keiner arm und keiner reich
wenn alle was zu essen hätten
keiner würde was verwetten
keiner müsste sich was schämen
keinen würde etwas lähmen
alle wären schön gesund
keiner von uns kugelrund
alle wären gleichgestellt
keiner der mal lautstark bellt
wir müssten uns auch gar nicht streiten
nur die höflichkeit verbreiten
alle wären sich so einig
kein verdammter weg mehr steinig
in einer welt die alles hat
findet leben einfach statt
tod gehört dann halt dazu
jeder mensch hat drei paar schuh
alle wären sorglos froh
doch das Leben ist nicht so

Demokratie reloaded (8/2020)

@DemoBerlin

Bin ich eigentlich umgeben von Idioten?
Das kann doch wohl nicht wahr sein
Die einen machen rechtspopulistisch Quoten
Zu den andern fällt mir auch nichts mehr ein

Nur ohne Mundschutz fühlt ihr euch frei?
Nur im Pulk wähnt ihr euch supertoll?
Was genau bringt euch der Schrei
Dass alles anders sein soll?

Was kann die Demokratie dafür
Dass euch die Minderwertigkeit ertappt?
Wer sprüht hier wem auf die Tür
Dass der andere es nicht weit gebracht?

Was habt ihr denn schon erreicht
Um der Pandemie zu begegnen?
Wartet kurz, das ist ganz leicht
Ihr ließt die Wunderwolken regnen

Wer andere fahrlässig anstecken würde
Hat ehrlich menschlich schon versagt
Wer meint die Demokratie sei eine Bürde?
Hat noch nicht genug am Kriegstuch genagt

Ich jedenfalls will keinen Umsturz
Ich fühle mich auch mit Mundschutz frei
Ich verantworte keinen Ansteckungskurs
Und entdecke auch keine Minderwertigkeit dabei

Du hast keine Probleme (12/2019)

Frei nach Alain Frei [7]

Du hast keine Probleme, wenn du nur schmollst,
Weil du den Gartenschlauch von Hand aufrollst.
Du hast keine Probleme, wenn du nur klagst,
weil du die Handys deiner Freunde lieber magst.
Du hast keine Probleme, wenn du übersiehst,
Dass in diesem Land niemand ohne Konsequenzen schießt.
Du hast keine Probleme, wenn du vergisst,
Dass das Wasser nicht einfach aus der Leitung ist,
Dass du vor Vertreibung keinen Staub frisst,
Dass du deinen Partner hier aus Freiheit küsst,
Dass du nicht in Kinderarbeit gefangen bist,
Dass deine Familie keine Abfälle isst,
Dass ihr euer Wissen aus der Schule wisst.
Sondern, dass du hier warm und trocken sitzt
Und die Demokratie deine Freiheit schützt,
Während sich woanders echte Überlebensangst zuspitzt.

---

[7] Zu sehen ist die Pointe auf youtube: Alain Frei, *Probleme mit dem Schlauch und Finken an Füßen.* hr comedy, hochgeladen am 13.9.2019

Die Welt verbessern (10/2020)

Ach könnte ich doch nur die Welt verbessern
Doch wo soll ich damit anfangen
Soll ich zuerst die Äcker bewässern
Oder würde das nur nach mehr Steuern verlangen

Soll ich zuerst die Pädophilen heilen
Oder die heilige katholische Kirche abschaffen
Weil dort ja die Pädophilen verweilen
Und lieber was ablassen statt dahinzuraffen

Soll ich zuerst die Korruption verhindern
Oder Menschenhandel, Kinderarbeit und Prostitution
Damit könnte ich so viel Leiden lindern
Oder erfinden sie dann eine neue heilige Institution

Soll ich zuerst die Vergewaltiger schröpfen
Oder die Anwälte, die sie verteidigen
Für die Opfer ein wahres Rollen von Köpfen
Doch es würde die Taten nicht bereinigen

Soll ich zuerst die Hungersnot stillen
Oder auf todbringende Krankheiten verzichten
Dann könnten alle im Überfluss chillen
Und die Überbevölkerung sich selbst vernichten

Soll ich zuerst die Islamisten bekämpfen
Oder den Rechten den Kopf verdrehen
Oder lässt sich Extremismus dämpfen
Vergiss es, sie werden es nie verstehen

Soll ich zuerst die Umwelt retten
Oder würden wir sie einfach wieder verwetten
Es ist gar nicht so leicht die Welt zu verbessern
Bei all den Halsabschneidern und Menschenfressern

Scherbenhaufen (9/2020)

Unter einem Scherbenhaufen
Lässt sich ehrlich ungut saufen
Doch davorstehend fällt mir ein
Muss es ganz einfach sein

flucht (12/2018)

flucht woher – wohin
weiß nicht wo ich bin
diese menschen um mich
wo und wer bin ich
flucht ist HASS, FOLTER grausam
WEG, BOOT, FAHRT, ich bin achtsam
in MASSEN mit TOTEN
ist stiller gehorsam geboten
ANGST ist mein begleiter
das LEID treibt mich weiter
wieder ANGST ANGST ANGST LEID
die schmerzen der freiheit
doch wo komme ich an
wer weiß was ich kann
das leid kann ich vergessen
die ANGST bleibt wie besessen

Kulturschock (9/2020)

Die Ankunft hier aus einer anderen Welt
Das Werteverständnis auf den Kopf gestellt
Das ist ein schäumender Kulturschock
Auf eure alten Werte hab ich null Bock
Ich lebe lieber so, wie die es hier machen
Da muss es natürlich in der Familie krachen
Sich anzupassen ist zwar gern gesehen
Nur nicht von denen, die nichts verstehen
Die, die sich an ihre alten Werte klammern
Und über die verkorkste Jugend jammern
Freiheit kann nicht jeder so übernehmen
Du musst sie leben um sie weiterzugeben

Mein Land (8/2015)

Mein Land ist mir fremd wie eine Eiszeit.
Deutsche Idioten mit brennenden Fackeln,
wie in der Stein- und Kreuzritterzeit.
Sie wissen nicht wer da zu uns kommt,
deshalb hauen sie drauf –
mit Gebrüll und Krawall und was sonst...

Mein Land, so stelle ich mir das vor,
ist bunt und charmant und riecht würzig,
fremd und bekannt.
Mein Land, so stelle ich mir das vor,
versprüht goldene Wärme, hat vielfältige Klänge im Ohr.
Mein Land, so stelle ich mir das vor,
kennt alle Gesichter, ob alt oder neu,
vereint dunkler und lichter.
Die untrennbare Gemeinsamkeit –
wir alle kennen Freud und Leid.

Arschgesicht fon Deutschland (10/2020)

Am Arsch der Welt
Lebt das Arschgesicht
Es grunzt und bellt
Der Schädel ist licht

Das Fell kackbraun
Die Augen stumpf
Nicht schön anzuschauen
Lebt es im Sumpf

Das dicke Fell braucht es sehr
Sonst könnte mit Herz und Vernunft
Durch die Schutzmauer um sich her
Man es packen während der Brunft

So trägt es nur ein einfaches Band
Lässt sich im Rudel führen
Das Arschgesicht fon Deutschland
Eins von den kleineren Tieren

Coronazeiten (5/2020)
#Lockdown1

Ich find es gerade ganz besinnlich
Jeder putzt jetzt Haus und Hof
Der Konsum macht nicht mehr schwindelig
Nur, kein Klopapier ist eher doof

Kein Wetteifern und sich verlieren
Alles geht beschaulicher gerade
Kochen, Lesen und Spazieren
Nur, kein Treffen im Restaurant ist schade

Die Kinder lernen schlicht daheim
Genießen auch mal diese Zeit
Kein Pausenhoftumult mit Schreien
Nur blöd: auch vom Teamsport befreit

Wohin uns wohl dies Dasein führt
Sind danach alle zufriedener
Von kleinen Gesten tief gerührt
Oder voll wild, weil noch getriebener

Coronazeiten (2/2021)
#Lockdown2

Ich will leben und irgendwas machen
Nicht nur zu Hause Trübsinn weglachen
Corona nervt, weil ich zu viel denke
Meine Kontakte auf´s Nötigste beschränke
Da habe ich noch mehr Zeit zu sinnieren
Kann alle Gedankengänge ausprobieren
Anstrengend, woran ich alles denken muss
Und wann ist damit endlich wieder Schluss
Zukunftsgedanken kann ich mir grad schenken
Werde hier dumm und dämlich beim Denken
Hab alle Gedankenspiele durchgespielt
Und nichts, was mir jetzt noch die Zeit stiehlt
Was mach ich nun – Gedankenpause
Ich poste die dummen Gedanken von zu Hause
Immer wieder melden sich Gedankensplitter
Ich hab keinen Bock auf das Gedankengewitter
Doch das Gewitter kracht und will spalten
Und ich muss trotzdem irgendwie durchhalten

Kommunikation (10/2020)

Ich – Du
Er sie es
Wir
            Ihr
                        Sie
Wer?
Was?
Wo?
Warum?
Und wie?

Ich:
Sag doch!
Was ist?
Mach´s nicht so spannend.
Danke, das reicht!

Du:
Was denn?
Nix.
Oh man
Ja, vielleicht …

Wortwahl (12/2020)

Wie greife ich zum richtigen Wort
Wie wird nicht in Wunden gebohrt
Wie kann ich schreiben was ich meine
Ohne dass ich ne andere Sicht verneine
Wie will ich es formulieren
Ohne die Bedeutung zu verlieren
Wie soll ich wissen wie es rüberkommt
Kann ich alle erreichen prompt
Versetz mich erstmal in die Lage
Wie denken andere in der Frage
Wie schließe ich keinen aus
Und wie hol ich das Beste raus
Ein Angebot, so kann ich es fassen
Und jedem ist die Entscheidung selbst überlassen

Kaffeeduft (10/2020)

Dieser einzigartige Kaffeeduft
Ich erahne ihn schon in der Luft
Es riecht besonders verheißungsvoll
Als Kind im Kaffeeladen, einfach toll

Was diese Bohnen in die Sinne legen
Schließ die Augen und lass dich schweben
Der bitter-süße Kaffeegeschmack
Bringt die Sinne dann auch auf Zack

Ein Genuss für Seele und Gaumen
Lass dich ein auf das wohlige Taumeln
Zwischen Gemütlichkeit und wachen Sinnen
So kann der Tag vergnügt beginnen

Resümee mit Sinn (10/2020)

Ich trinke den besten Kaffee der Welt
Extra aus dem Welzheimer Wald bestellt
Dann:
Eine ganze Woche lang ohne Kaffee
Ob ich das auch wirklich schaffee…
Die ersten Tage waren echt hart
Von Müdigkeit und Kopfschmerzen geplagt
Danach war es irgendwie schnell gut
Ohne weitere Symptome kam der Mut
Die Erfahrung wurde immer krasser
Statt nach Kaffee griff ich nach Wasser
Die eine Erkenntnis daraus zög ich
Ein Leben ohne Kaffee ist schon möglich
Doch:
War die Herausforderung[8] auch ein Gewinn
Steht mir trotzdem nach Kaffee der Sinn
Ich gönne mir diesen Hochgenuss
Als meinen besonderen Lebenskuss

---

[8] Challenge von und mit meinem Sohn: Wir trinken eine Woche lang nur Wasser, ich vor allem keinen Kaffee und er keine Süßgetränke – wir haben beide durchgehalten.

Alkohol und Blau (12/2019)

Ein Gläschen am Abend oder zwei
Was ist denn eigentlich dabei
Komm wir machen ne Sause
Alkohol knallt mehr als Brause
Goldener Tequila, Elite-Gin und Wein
Bier und Cafetto geht auch noch rein
Als Teenager verträgst du viel mehr
Als Erwachsener ist der Kopf so schwer
Das braucht doch keine Sau
Das Blut vom Alkohol ganz blau
Jetzt weiß ich wenigstens prompt
Woher das mit dem Blauen Blut kommt

Fußballspaß (5/2020)

Beim Fußball geht es um das Spiel
Ich verlange nicht allzu viel
22 und ein Ball
Mit jeder Menge Torgeknall
Standards mit Präzision
Ballführung mit Adhäsion
Pässe, die auch ankommen
Und Torhüter, die rankommen
Fans, die das Spiel begleiten
Mit anfeuerndem Jubel einschreiten
Eindrucksvolle Fußballtricks
Eifrig umkämpfte Punkte-Kicks
Um irre Sprints mit Ball auf Gras
Wo bleibt sonst der Spaß

Schülerpanik (3/2020)

Corona, HIV oder Vogelgrippe
Jedes Mal schreit die ganze Schülersippe
Ihr seid infiziert, du bist angesteckt
Diese Kinder hätte ich am liebsten abgeleckt
Damit sie wirklich was zum Ekeln haben
Hacken auf den andern rum wie schwarze Raben
Schubsen, Gerangel, Flucht ins Klassenzimmer
Das blutrünstige Geschrei wird immer schlimmer
Einige Schüler werden komplett gemieden
Der Hexenkessel muss kochend sieden
Die Hetze der Sippe hat sich verselbständigt
Die Sprüche fliegen und treffen ungebändigt
Bis Einen die Häme an den Abgrund treibt
Die Schülersippe kennt kein Mitleid
Dann nach drei Wochen spricht keiner mehr drüber
Ist keiner gestorben an den „Viren" vom Gegenüber...

Doch – Einer hat sich das Leben genommen[9]
Die Hetze der andern ist ihm nicht bekommen

---

[9] Das ist zwar in diesem Fall nicht passiert, aber es gibt genügend Mobbing-Opfer, die am Rande des Selbstmords stehen oder diesen nicht überleben.

Neider (10/2020)

Und werfen sie mit Wörtern um sich
Sie kennen dich nicht
Das kann dich nicht berühren
Schließ deine Ohren wie Türen
Sie sehen in dir, was sie nicht haben
Und können es einfach nicht ertragen
So ist das mit den elenden Neidern
Sie gehören zum Leben, leider

Du (12/2019)

Hast du dich jemals gefragt,
Was du willst und was du magst?
Wer du eigentlich bist oder sein willst?
Wenn du dich anguckst – dein Innerstes erfüllst!

Kein Leben (1/2020)

Wenn du natürlich kein Leben hast
Die Chance auf echte Freunde verpasst
Armseligkeit im Herzen wächst ohne Rast
Du dich nicht spürst, sondern alles hasst
Dann ist dein Leben schnell verprasst

Freundinnen (9/2020)

für Ingrid und Uschi

Ich wünsche dir so viel Kraft
wie Freundschaften dich tragen
Ich schicke dir so viel Licht
wie Sonnenstrahlen dir behagen
Ich denke so fest an dich
wie Wörter sich in Bücher schreiben
Ich wünsche dir Lebenswellen
die dich einfach treiben
Ich bewundere von Herzen
dein ganz eigenes Naturell
Ich schöpfe aus deiner Person
einen großen Freudequell
Ich teile mit dir das Leid
wie groß der Schmerz auch ist
Wie gut es tut zu wissen
dass du ein Teil von mir bist

Freundschaft Unter Uns (12/2019)

Unsere Freundschaft ist das größte Glück
An euch kann ich wachsen Stück für Stück
Das große Vertrauen war vom ersten Tag da
Sagenhaft, umfangend, einfach wunderbar
Wir haben einander gebraucht und gefunden
Unsere Seelen geöffnet und losgebunden
Unsere Freundschaft hat geheilt die Wunden
Dank euch konnte meine Seele gesunden
Liegt mir was auf dem Herzen, seid ihr bereit
Mich anzuhören und gebt mir ehrlich Bescheid
Ob ich mich verrenne oder bietet Lösungen an
Und ermuntert mich, dass ich mir vertrauen kann
Unsere Freundschaft ist wie unsere Kinder jung
Doch sie strahlt vor außergewöhnlicher Verbindung
Und ich sage euch beherzt von tief in mir drin
Wie dankbar ich für unsere besondere Nähe bin

Sehnsucht (10/2019)
Für Naomi

Ich sehne mich nach Herzlichkeit,
nach Wärme, Treue und Rat
Ich verlange nach Offenheit,
nach Liebe, Halt und Heimat

Ich wünsche mir Zusammenhalt,
Freude, Vertrauen und Zeit
Ich vergehe nach Familienerhalt,
nach Stärke und Gemeinsamkeit

Ich sehne mich nach Nähe,
nach Händen die mich fassen,
die mit mir dann spazieren gehen
und mich nicht fallen lassen

Ich spüre, dass ich alles will,
will aufgehoben sein,
will deutlich fühlen, nicht nur still,
dass Heimat in mir sei.

Familiensegen (4/2021)

Es ist ein Segen
Dass wir uns lieben
Es ist so schön
Was wir vollbracht

Eine Familie mit vollem Leben
Im Schoß wiegen
Fröhliches Klönen
Und jeder lacht

Es ist die Liebe, die wir geben
Und die wir wiederkriegen
Mit lauten und leisen Tönen
Weil es auch mal kracht

Es ist das, was wir erleben
Durch Erinnerungen fliegen
Gemeinsame Höhen
Und wir verzeihen vor der Nacht

Starke Frau vor strahlender Kulisse (8/2020)

Für Finnja

Türkisblaues Wasser, dem Himmel so nah
Ein umwerfender Moment als ich sie sah
Eine starke Person mit sich im Reinen
Natur und Mensch, die sich vereinen
Der Baumstammsteg, auf dem sie steht,
Lässt sie nicht wanken, der Wind leicht weht
Das Grün herum eine schöne Verzierung
Atemberaubend die Detaillierung
Dahinter der Berg, standfest und echt
Als Hintergrund der Frau gerecht
Die kleinen Wölkchen streifen vorüber
Verzaubertes Träumen im Gegenüber
Welch wundervolle Welt, erfrischend spontan
Es ist so: Kanada hat dir gutgetan

Königin (1/2020)

In meiner Beziehung bin ich die Königin
Da hat keine andere Frau Platz
Schließlich bin ich der Hauptgewinn
Es gibt keinen besseren Schatz

Es können nicht zwei Königinnen regieren
Über ein einziges Männerland
Der Mann soll nicht den Überblick verlieren
Das wäre doch allerhand

Ich habe schließlich auch keinen Zweitmann
Ein Mann ist mir Mann genug
Es muss eben sein, dass er alles kann
Muss schön sein, patent und klug

Das alles bin ich auch bereit zu geben
Bin Königin, eine pralle Omniversion
Notwendig, dass wir gemeinsam streben
Nach Liebe, Familie und beidseitiger Volition

Gelassenheit (10/2019)

Warum bist du so streng?
Vor allem mit dir?
Bleib gelassen und fütter das Faultier in dir.
Warum bist du so steif?
Sei einfach beweglich
Und gönne dir Alternativen, wenn möglich.
Warum fühlt es sich schwer an?
Nimm es doch leicht
Und entspann dich, damit der Klotz entweicht.
Warum denkst du so viel?
Spür dich doch lieber
Und sag nein zum treibenden Anschieber.
Warum bist du so strikt?
Bleib einfach mal locker
Und hau dich womöglich selbst vom Hocker.

Innehalten (5/2021)

mal kurz innehalten
die Ruhe hören
den Regen prasseln
lassen
durchatmen
im Strom des Tages
anlegen
nach innen kehren
abschalten
Stille denken
sich den Moment schenken
ein kurzes Bad
im eigenen Ich

Ich kann… (10/2019)

Ich kann laufen, ich kann schwingen,
Ich kann besonders gut schiefe Töne singen
Ich kann denken, ich kann backen,
Ich kann besonders gut mit den Gelenken knacken
Ich kann schlafen, ich kann essen,
Ich kann besonders gut die Einkaufsliste vergessen
Ich kann kuscheln, ich kann loben,
Ich kann besonders gut meine schlechte Laune austoben
Ich kann lesen, ich kann schreiben,
Ich kann besonders gut keinen Sport treiben
Ich kann schwimmen, ich kann necken,
Ich kann besonders gut das Auto verdrecken
Ich kann reden, ich kann baden,
Ich kann besonders gut Einkaufskörbe vollladen
Ich kann lachen, ich kann beten,
Ich kann besonders gut in Fettnäpfchen treten
Ich kann jubeln, ich kann verzieren,
Ich kann besonders gut nicht verlieren
Ich kann teilen, ich kann fegen,
Ich kann besonders gut meinen Schlüssel verlegen
Ich kann feiern, ich kann winken,
Ich kann besonders gut Kaffee trinken
Ich kann trösten, ich kann dichten,
Ich kann besonders gut auf Erkältungen verzichten
Ich kann fühlen, ich kann leben,
Ich kann besonders gut meinen Senf dazugeben
Ich kann streiten, ich kann spenden,
Ich kann besonders gut Texte beenden

Ich will (12/2019)

Ich weiß was ich will
Und was ich nicht will zweimal
Ich will nichts still
Aber schnell und spezial

Ich will Stärke beweisen
Und zwar nicht labil
Ich will Offenheit preisen
Gesellschaftskritisch sein mit Stil

Ich will Natur genießen
Egoismus hasse ich
Ich will dass Selbstdenker sprießen
Folgsamkeit bedrückt mich

Ich will Schönheit ganz fein
Aber leiden will ich nicht
Ich will einfach frei sein
Ohne Krieg ganz schlicht

So will ich leben (11/2019)

Ich habe keine Angst vor Ungeheuern,
Vor Schwerverbrechern und überhöhten Steuern.
Ich lass mich nicht einschüchtern von Terroristen,
Von Eilmeldungen und Politikern aus alten Kisten.
Ich weiß es wohl, aber Angst macht es mir nicht,
Ich ignoriere es, denn das ist meine Pflicht.
Laut Mark Twain brauchst du Ignoranz und
Selbstbewusstsein,
Willst du das Leben meistern, und so soll es sein.
Ich stehe stark, weiß, was ich will
Und bin dabei bestimmt nicht still.
Ich spüre ganz genau was ich brauch,
Ich lebe und lache und kritisiere auch.
Eine Krisenmeldung haut mich nicht um,
Ohne Kraft und Macht werde ich ja stumm.
Ich herrsche über mein eigenes Ich,
Nicht die andern, die beeinflussen mich nicht.
Und was gäbe ich meinen Kindern mit,
Beföhle mir die Angst jeden Schritt?
Und was gebe ich meinen Kindern mit,
Mache ich meine Stärke zum Superhit!

Ich bilde mir ein (3/2020)

Ich bilde mir nicht ein alles zu wissen
Ich bilde mir nicht ein alles zu können
Aber ich weiß, es gibt ein Beschissen
Und ich weiß, ich kann Gutes gönnen

Ich bilde mir nicht ein alles zu heilen
Ich bilde mir nicht ein alles zu retten
Aber ich kann gut Gefühle teilen
Und ich kann lieben ohne zu kletten

Ich bilde mir nicht ein alles zu durchschauen
Ich bilde mir nicht ein, dass ich weiß wie Leben geht
Aber ich weiß, ich kann auf Freunde bauen
Und ich weiß wie beschissen es sich anfühlt...
...........................wenn das Leben auf dem Kopf steht

Ich bilde mir ein, dass jeder sein Leben lebt
Ich bilde mir ein, dass jeder Entscheidungen trifft
Egal ob einer mutig ist oder in Unsicherheit schwebt
ein Sichnichtfürsichentscheiden ist wohl für jeden Gift

Ich (12/2019)

Ich weiß ich bin unberechenbar
Das macht mich so liebenswert
Mache nicht was man mir sagt
Ich spüre mich bin unverdrehbar

Ich provoziere oft und total gern
Bin auf die Reaktion gespannt
Find andere enorm verspannt
Meine Jugendzeit liegt mir nicht fern

Ich bin auch gern beliebt bei andern
Doch wenn ihr mich nicht mögt
Ist mir das ehrlich scheißegal
Geht ihr mal in der Wüste wandern

Ich bin zudem auch wirklich nett
Versteht mich nur nicht falsch
Bin ehrlich tiefgründig und lieb
Und bin vielleicht auch gut im Bett

Ich bin das alles nicht nur eins
So will ich mich auch sehen
Hab keine Lust auf Einfältigkeit
Egal welche Facette sie ist meins

Verbindlichkeit (8/2020)

Das ist Bindung
Ohne zu erdrücken
Eine klare Verbindung
Ohne zu zerpflücken

Das ist Vertrauen
Für beide bindend
Auf den Halt bauen
Und sich nicht windend

Das ist Einsatz
Ohne Belastungsbürde
Ein Freiheitsplatz
Ohne Abgrenzungshürde

Gleichgerechtigkeit
An allen Hebeln
Und keine Feigheit
In Absprацheregeln

Verbindlichkeit
Fühlt sich gut an
Weil ich weiß
Dass ich mich drauf verlassen kann

Leben ist Zeit (10/2019)
Für meine Omi

„Leben ist ein hartes Stück Brot."
Nein ist es nicht! – „Hart ist der Tod?"
Willst du das Leben richtig leben
Musst du dir Zeit für alles geben
Zeit zum Kleinsein, Zeit zum Buddeln
Zeit zum Raufen, Zeit zum Knuddeln
Zeit zum Wachsen, Zeit zum Lachen
Zeit zum Schlafen und Essenmachen
Zeit zum Erholen, Zeit zum Backen
Zeit zum Spazieren, Zeit zum Schnacken
Zeit zum Lernen, Zeit zum Träumen
Zeit zum Spielen auf großen Bäumen
Zeit für Arbeit, Zeit für Sport
Zeit für Urlaub an einem anderen Ort
Zeit zum Lesen, Zeit zum Schauen
Zeit einem anderen zu vertrauen
Zeit für die Liebe, Zeit für dich
Leben ist Zeit für euch und mich
Hast du das Leben und die Zeit gut genutzt
Bist du auch über den Tod nicht verdutzt

leben (12/2020)

stehen wie ein Baum
fliegen wie im Traum

tanzen wie die Wellen
sprudeln wie aus Quellen

wandern früh am Morgen
fühle mich geborgen

blicke übers weite Meer
Ruhe kehrt einher

tief in die Augen schauen
reden mit Vertrauen

hören was ich spüre
öffnen einer Türe

wärmen in der Sonne
strahlen in der Wonne

fassen wir das Glück
gehen Stück für Stück

To my dear friend (12/2019)

Death hurts in the deeps
It bites and suddenly sweeps
You stand there and shiver
Your heart aches, you quiver
Why is that soul taken?
Our peaceful world shaken?
What to do without her?
What sense packed in there?
Will life still go on?
Have all bad thoughts won?
Death grabs you to grieve
Thank God, I believe!
If any sense from above
We shall live in love
Without love no harm
God bless us to calm
We will never forget
Her pure soul is set
free

Todesfälle (12/2020)

Ab nem gewissen Alter ereignen sich Todesfälle im Minutentakt,
So als wären sie bis um die 20 rum irgendwo im Keller verpackt.
Ab 30 rüttelt der viel beschworene Ernst des Lebens dich schwer,
Plötzlich bist du vor keinem einzigen Todesschicksal mehr sicher.
Mal Bekannte, dann Verwandte, aber immer mit Abstand gewahrt,

Doch irgendwann trifft es auch dich tief ins Herz und sehr hart.
Dein Leben verändert sich in einem Moment, die Welt steht Kopf,
Kein Gefühl mehr bekannt, was wurde dir angetan, du Armer Tropf.
Es ist gemein, aber mich beruhigt total der irre Gedanke vorab,
Dass ich so etwas Schlimmes schon längst durchgemacht hab.

Ein Bad in Selbstmitleid (1/2022)

Habe gebadet in Selbstmitleid
Tränenreich
Die Situation vor Augen geführt
Facettenreich
Die geschundene Seele balsamiert
Erbarmungslos
Die Angeklagten demaskiert
Enthüllungsfroh
Die Warums und Wiesos hochjongliert
Superlativ
Wieder hineingeworfen ins eigene Bad
Reingewaschen
Um anschließend frisch gestärkt
Auszusteigen

Mein Kopf (3/2021)

Mein Kopf ist voll
Was er nicht soll
Voll von Gedanken
und gekreuzten Schranken
Hab genug von Verboten
Mag nicht mehr ausloten
Mein Kopf braucht Freiheit
Mein Kopf braucht Zeit
An nichts zu denken
Nur Stille zu schenken
Erholung und Ruhe
Für meine innere Schatztruhe

Demenz (3/2021)

Grauer Himmel
Grauer Kopf
Vergessene Bimmel
Vergessener Topf
Fremder Ort
Tages-Schlafanzug
Böses Wort
Großer Selbstbetrug
Laufende Bewegung
Laufendes Nass
Versteinerte Regung
Erinnerung blass
Schreiendes Kind
Schreiender Schmerz
Tosender Wind
Tosendes Herz

Gaffer (3/2021)

fröhliche Tage
trauriger See
die Stimmung vage
tanzender Klee
zuckende Hand
flackerndes Feuer
weiser Verstand
gefürchtetes Ungeheuer
spontane Runde
einsamer Stuhl
klaffende Wunde
spritzender Pool
gaffende Leute
verlorenes Kind
besinnungslose Meute
weil Gaffer so sind

Kindheit auf Glasscherben (1/2022)

Familie brüchig
Konstellation diffus
Sorgenvoll leise verloren
Ihr Verhalten verkehrt
Einen Schritt zur Seite
Ein Schritt ins falsche Feld
Explosion erwartet
Die Last zu schwer zu tragen
Nur fallen darf sie nicht
Ein Scheitern bricht die Stille
Unbekümmert gibt es nicht
Gefühlsausbruch mit Angst
Vorsicht ist geboten
Kindheit überfordert
Dunkelheit, die sticht
Dämonen, die mich fassen
Kindheit, die mich bricht

Wunden, Narben
Nur keine Heilung
Gehen wie auf Glasscherben
Es führt kein Weg zurück

Loss of Control (5/2022)

I sail
Captain of my boat
Errand to the sea
Course straight westwards
Easy to stay the course
Ambitions in sight
Sails set
Crew counted and complete
what
wrecking
wind
suddenly tossed
upside down
inside out
torn
ruptured
burst into fractions
no ground to stand
nor sea to swim
where am I
where to go
insulating fogs covered up in froth
compass lost
and nowhere to turn
no harbour to reach
no mending
of scars attached
drowning in numbness
and unable to show

Schweigen (3/2020)

Du bist böse mit mir,
Doch ich weiß nicht warum.
Dein Blick straft mich schier,
Doch deine Lippen bleiben stumm.

Ich spreche dich an,
Doch du hörst mich nicht.
Ich komm nicht an dich ran,
Keine Miene in deinem Gesicht.

Ich merke, dass was nicht stimmt,
Weil ich uns nicht mehr spür.
Da ist nichts, das noch glimmt,
Wenn ich dich berühr.

Was gäbe ich drum (12/2019)

Was gäbe ich drum, wäre ich manchmal weniger Ich
Ich würde dich deutlich weniger verletzen
Doch wahrscheinlich gäbe es uns nicht – ohne mich

Genau so wie ich bin, so muss ich für mich sein
Ich muss meine Konflikte ertragen
Warum kann ich nicht einfach angepasst erschein´n

Was gäbe ich drum, könnt ich mich einfach mal stoppen
Ich könnte zumindest nachdenken
Bevor ich versuche meinen scharfen Senf zu übertoppen

Was gäbe ich drum, könnten wir harmonischer leben
Wir wären uns immer einig – doch stopp!
Todlangweilig wär das, mein Ich würd den Löffel abgeben

Islamist – (2015)

geboren oder missgeboren
gewonnen oder verloren
geächtet oder gerettet
Feind oder Freundschaft verwettet
geliebt oder gehasst
lebenswert oder Leben verpasst
gestorben oder getötet
vergöttert oder vor Allah errötet
Mensch oder Untier
– und bist du hier?

Terroristen (2015)

Terroristen sind Mörder
Terroristen schüren Hass,
Gewalt und Verrohung
Woher kommt denn das?

Terroristen sind Menschen
doch die Welt ist schlecht
Wer damit nicht umgehen kann
wird Terrorist.

Ohnmacht und Verzweiflung
macht sie extrem
Keine Eier in der Hose
um dagegen anzugehn

Statt Leben zu lernen
machen sie ihm ein Ende
Feige wie Sau
nenne ich das. Ende.

Schüchtern und selbstbewusst (12/2019)

Schüchtern und trotzdem selbstbewusst
Für mich ist das kein Gegensatz per se
Ist wie Ärger, den ich begreif mit Verdruss
Ein schlechter Witz, den nur ich versteh

Wie ein ewiges Wollen ohne Schluss
Ist wie Nobelpotenzial zu verschwenden
Ein Streich, den ich ausbaden muss
Und ich weiß, nur ich kann es beenden

Ich bin mir meines Selbst sehr bewusst
Und trotzdem bin ich schüchtern
Gerade das ist der wiederkehrende Frust
Das sehe ich mit Verstand ganz nüchtern

Ich fühle mich draußen einfach nicht sicher
Bin ausgesetzt und klein
Will dazugehören ohne blödes Gekicher
Würd gern frei und voll selbstbewusst sein

Jeder hat sein Päckchen (12/2019)

Du bist frei? dass ich nicht lauthals lache
Jeder hat sein eigenes Päckchen zu tragen
Auch du hast irgendetwas zu beklagen
Aber es ändert sich einfach nichts an der Sache

Wenn du mit deinem Päckchen einfach lebst
Und dir den Alltag dadurch diktieren lässt
Dann gibt dir dein Päckchen noch den Rest
So dass du auf der verhassten Stelle klebst

Du lebst mit dem Päckchen, gar keine Frage
Aber es muss dir nicht das Leben diktieren
Nicht jeden einzelnen Lebenstag ruinieren
Du musst Herr sein der unvermeidlichen Lage

Frei bist du erst, wenn du dein Päckchen schnürst
Und nicht, wenn es dich still erdrückt
Sondern, wenn es dich innerlich packt und entzückt
Dass du den befreienden Drang es zu beherrschen
verspürst

Kreml-Märchen (1/2021)

Dieses bunte Kreml-Märchen
Handelt von dem einen Herrchen
Das in jenem Hause thront
Und dort gut und gerne front
Statt nes Knechtes, sind´s Staatsdiener
Fein gebürstet wie die Wiener
Justitia wird hochgelobt
Solange sie im Staatssinn tobt
Es weht ein Wind, es rollen die Köpfe
Der Rubel rollt in seine Töpfe
Die Sportler sind ihm unterstellt
Nur mit Leistung die Spitze der Welt
Fairness ist ein Staatsgeschäft
Freiheit seltsam nachgeäfft
Das ist ein ganz edles Leben
Für die, die sich untergeben
Doch ist´s eben nur ein Märchen
Und der Herr ein altes Herrchen

Ukraine-Krieg (24.2.2022)

Putin, der Schlächter
Kein Mensch
Nicht mal ein schlechter
Ein menschenverachtender Narzist
Ein Monster
Ein Massenmörder, wie ihr wisst
Steckt Kinder in Brand,
Familien,
Mit metzelnder Hand
Redet es bloß nicht schön
Es ist grausamer Krieg
Kein kalter Föhn
Wer so etwas Bestialisches anfängt
Bei Gott
Gehört an den Pranger gehängt
Bestraft mit demokratischem Recht
Lebenslänglich verbannt
Für jedes einzelne Gefecht
Ich gönne ihm den Tod nicht
Das Leben muss er sich schon selber nehmen
Mit dem eigenen Versagen im Angesicht

Literaturkreis (1/2020)

Ein Buch, ein paar Leute
Und los geht´s
Doch halt wo stehts:
Wer darf anfangen heute?

Literatur zum Denken
Und Lernen, weil belesen
Oder aus dem Leben lesen
Und mit Gefühl lenken?

Tolles Wissen
Über Gender und Co
Lesertyp Agenda ist froh
Lässt nichts vermissen

Lesertyp Eigengefühl
Kommt da nicht mit
Was macht das Buch mit mir Schritt für Schritt
Ganz ohne Metakalkül

Hat das Buch denn auch Niveau?
Wer hat recht
Und wem wird schlecht
Bei Was Steht Wo?

Warum nicht Literatur zum Anfassen?
Wer macht was warum
Und wer kümmert sich wie drum?
Einfach mal hinstellen, schauspielern und einlassen

Es gibt natürlich keinen Konsens
Das ist wahr
Damit kommen alle klar
Das ist die Diskurskompetenz

Lineal nicht (2/2021)

Dass Mieke das Lineal nicht nimmt
Das stimmt
Für Mieke ist das Lineal kein Muss
Ihre Zahlen hüpfen mit Genuss
Da geht der Strich ohnehin quer rein
Ob es mit oder ohne Lineal soll sein
Wenn Mathe das Lineal verpflichtend sieht
Ist das für Mieke nicht das Ende vom Lied
Ihr ist die Sauberkeit nicht wichtig
Doch das Individuelle ist klar ersichtlich
Da ist ihr der Notenabzug egal
Hauptsache sie steht zu ihrem Ideal
Der Zeugniseintrag hat zur Folge indessen –
Nein, sie ist weiterhin nicht vom Lineal besessen.

Dichter unter sich (12/2021)
Für Alex, das Mädchen im Zug

Ein Mädchen, das bezaubernd dichtet
Ganz unverbraucht ihre Worte herrichtet
Sie fährt im Zug und ganz nebenbei
Reimt sie die Verse spontan und frei
Von Kleinigkeiten groß erhellt
Gestaltet sie ihre Sprachenwelt
Wie andere ihren Ausdauersport
Betreibt sie Wortkunst an jedem Ort
Wie wunderbar, wie selbstbewusst
Ihr Sprachgefühl ist ein Genuss

Worte und Taten (9/2020)

zulassen
einlassen
loslassen
lassen
aufpassen
reinpassen
passen
auffassen
reinfassen
anfassen
fassen
ganz gelassen

Ein Wasserfall an Gedanken (3/2021)

Sie stürzen herunter
Schwer oder munter
Sie rollen und wallen
Es gibt kein Halten
Aber auch keine Schranken
Für solche Gedanken
Sie wollen strömen
Entrinnen durch Stöhnen
Oder bleiben gefangen
Und brodeln dann lange
Werden abgeschossen
Oder versickern verschlossen
Und manchmal da betreten sie
Ein Blatt Papier, wie hier

Ode an das Klo (1/2020)

Oh lala, du weißes Klo
Am liebsten mit Blümchen
Und sauber sowieso
Neutraler Geruch
Oder Meeresbrise
Fettes Buch, sinniger Spruch
In Ruhe ganz vergnüglich
Mit Hetze ein Muss
Mal ist´s gemütlich
Mal wird´s eng
Du hältst stand
Dem großen Peng
Der Wasserfall ist
Ein Leichtes für dich
Kein Klopapier eine List
Ein Badezimmer
Mollig warm
Und schön beleuchtet
Wünscht man sich immer
Aber eklig ist´s
Wenn schon befeuchtet
Oder aus Plastik kahl
Wir haben manchmal
Keine Wahl
Wir brauchen dich sooo
Schnell, ein Kloooooooo

Zum Kotzen (1/2020)

Magen-Darm ist doch zum Kotzen
Musst dein leckeres Essen rausrotzen
Saure Masse aus dem Magen
Kannst kein Erdbeereis vertragen
Ekelgefühl mit Zwangsdiät vermischt
Das Erbrochene noch weggewischt
Fühlst dich flau und magst nicht mehr
Kommt der Durchfall hinterher
Leerer Magen und reizender Po
Verbringst die halbe Nacht aufm Klo
Das einzig Gute ist doch dabei,
Wenn der Spuk endlich vorbei

Lahme Fregatte (8/2021)

Es war einmal eine Fregatte
Die war nicht weiß wie Watte
Sondern grau wie Platte
Es gab keinen Latte
Keine Yogamatte
Die eintönige Fregatte
Lag auf Reede und hatte
Eine ziemlich matte
Und strenge Krawatte
Weil die Latte
So hoch, und die gesamte satte
Mannschaft auf der Fregatte
Hatte eine ausladende glatte
Philosophie, aber ne platte

Bootsglück (3/2021)

Früh am Morgen
Alles ist ruhig
Leinen los
Wir fahren raus
Die Morgensonne
Mit strahlendem Licht
Glitzerndes Wasser
Vor meinem Gesicht
Friedliche Stimmung
Besonnene Ruhe
Die Sinne ganz klar
Die Natur ganz zart
Sanftes Brummen
Bei kleiner Fahrt
Der Morgenduft leise
Ein erfüllender Augenblick
Nur wir auf dem Boot
Und die Welt um uns wartet

Tanne

Erst
Entwurzelt
In
Die Kälte gestellt
Dann
Präsentiert wie angewurzelt
Und
Als nächstes gestylt im Zimmer erhellt
Bis
Am Ende aus dem schönen warmen Haus
Raus
Kaum ein Tannenbaum gewesen
Schon
Tot
12/2019

Wie (2/2020)

Leben ist wie eine Salami
Ein Ende Arbeit und Muße
Ein Ende Freiheit, Glück und Chi

Politik ist wie Essen
Für die Gesellschaft notwendig
Aber irgendwie hast du´s gefressen

Beziehung ist wie Brause
Erst das starke Prickeln
Dann Arbeit oder sie macht die Sause

Schnacken ist wie Rauchen
Starker Tobak
Und manchmal einfach nicht zu gebrauchen

Armut ist wie eine Abschussrampe
Sowieso schon auf Spannung
Doch dann fliegst du noch tiefer in die Pampe

Musik ist wie ein Herzschrittmacher
Langsam und leise beruhigend
Laut und schnell ein Kracher

Gefühle sind wie die Wetterlage
Sonnig und heiter
Oder wolkig mit Gewitteransage

Wir grübeln nicht (1/2022)

Nein, wir grübeln heute nicht
Oder vielleicht doch
Über angelassenes Licht
Was bedeutet Leistungsloch

Könnt mein Leben anders laufen
Warum geht heut alles schief
Kann ich den Verstand wegsaufen
Woher kommt der üble Mief

Bin ich mir auch schön genug
Was ist im Leben wirklich wichtig
Nicht nur schön, bin auch klug
War mein Verhalten heute richtig

Wieso sehen andere nicht
Wie ich wirklich bin
Manche Menschen sind so schlicht
Gibt es einen sechsten Sinn

Welchen Wert will ich vermitteln
Wo bekomm ich Freude her
Kann ich Salamischeiben dritteln
Wieso sind Gedanken schwer

Warum muss ich immer grübeln
Will nur Ruhe im eigenen Topf
Wo ist der Anfang vom ganzen Übel
Warum zerbrech ich mir den Kopf

Sorgen sind der letzte Mist
Welcher Winkel für welche Sicht
Nimm es sorglos, wie es ist
Nein, wir grübeln einfach nicht

Wunschdenken (9/2020)

Ich wünsche mir so sehr
Ein duftendes Blumenmeer
Eine Brise ganz frisch
Die Wahrheit auf den Tisch
Einen beruhigenden Sonnenaufgang
Ein Hauch von Vogelgesang
Der Wein nicht bitter
Ein befreiendes Gewitter
Ein starkes Familienband
Einen modernen Kant
Ein Gemälde voll Leben
Und die Liebe weiterzugeben

Prinzessin... (1/2022)

In eines hohen Turmes Spitze
Saß ne Prinzessin auf ihrem Sitze
Sie war hier nicht wirklich eingesperrt
Hatte auch nicht um Spielzeug geplärrt

Sie hatte nichts Fatales verbrochen
Sie hat sich einfach nur verkrochen
Hoch oben an ihrem liebsten Platz
Hütete sie den kostbarsten Schatz

Sie ließ ihren Blick in die Ferne schweifen
Ihre wachen Augen die Schönheit begreifen
Sie konnte hier ihre Gedanken spinnen
Frei und unverblümt eigene Ideen ersinnen

Fern von Etikette und feinem Benehmen
Konnte sie sich hier eine Auszeit nehmen
Den Erwartungen an eine Prinzessin trotzen
Und ihre Gefühle zulassen, sich auskotzen

Die feine Gesellschaft war ihr viel zu streng
Deshalb sorgte sie für ein knallendes PENG
Sie eröffnete dem versammelten Hof:
„Ich kündige! Eure Etikette ist mir zu doof."

Als der gesamte Hof dieses PENG hört
War die Gesellschaft natürlich empört
Sie wussten nicht wie und sagten mit Lachen
„Kind, das kannst du doch nicht machen."

„Doch, doch, ich werde mich dem nicht beugen,
Versucht gar nicht erst, mich zu überzeugen.
Es ist kein Witz, kein aufbrausender Sturm,
Das ergab mein langes Sinnen im Turm.

Ich werde mich nicht mit einem Prinzen vermählen
Oder der Gesellschaft, was sie hören will, erzählen.
Vielleicht such ich mir einen Bauern oder eine Frau,
Und eine Sache weiß ich ganz genau:

Am Hof zu leben, macht mir keinen Spaß,
Da beiß ich nur freiwillig oder zu früh ins Gras.
Glücklich macht mich ein kleines Haus am Hang,
Da entwickel ich dann Ideen von Belang.

Der Blick in die Ferne, nicht auf mich gerichtet,
Auf Aufmerksamkeit, aber nicht auf mich verzichtet.
Ich erkenne gern die Regeln des Zusammenlebens an,
Wenn ich dafür die Etikette hinter mir lassen kann.

Denn das Höchste im Leben ist nicht Königsblut,
Nein, die Freiheit ist für mich das höchste Gut."
Hoch oben am Hang über dem höchsten Zinn
Regiert jetzt glücklich vermählt Prinzessin

...Eigensinn.

Immer jung (6/2022)

Im Herzen immer jung
Gefühlssprung
Entscheidung zwischen zwei Welten
treffe ich selten
Will alles haben
Alles tragen
Komische Tragödie
Herzschmerz-Satire
Hab alles gesehen
Alles kommen und alles gehen
Und wenn ich irgendwann ins Gras beiße
hatte ich üppig gelebt

Der letzte Weg (7/2021)

Der letzte Weg
Ist anberaumt
Es ist der letzte Schritt
Ein Augenblick
Von Atemhauch
Dein Bild bleibt uns zurück
Wir sind so weit
Zusammen gegangen
Haben uns gestützt
Wir sind so viele
Wege gegangen
In Liebe, Streit und Glück
Es ist Gemeinschaft
Die uns prägt
Und – es ist fast gemein
Denn dieser allerletzte Weg
Er führt dich ganz allein

Lebensende-1 (9/2020)

Ich wähnte an meines Lebens Ende
Eine gar märchenhafte Wende
Von seliger Reue und Vergebung
Und eine göttliche Erhebung
Doch sie fand in dem Bette nur
Ein Stück vertrockneter Natur

Lebensende-2 (9/2020)

Ich wähnte an meines Lebens Ende
Eine gar märchenhafte Wende
Ne zaubernde Fee ein erlösender Kuss
Doch es kam wie es kommen muss
Schluss

Alphabetische Auflistung der Gedichte mit Seitenzahl